UNIVERSELLE

DE MINISTERES

5950

LE COMTE STRUENSÉ.

GALERIE
UNIVERSELLE.

LE COMTE DE STRUENSÉE.

LA vie du Comte de Struensée va nous montrer une élévation & une chûte, dont on ne trouve d'exemple que sous le despotisme, & nous apprendre que, là, il n'est point de talens, de services, de vertus, de rangs qui mettent à l'abris de la tyrannie, que les Rois même ne sont jamais plus trompés, plus le jouet des plus viles passions, & moins libres, que lorsqu'ils n'ont d'autres loix, & d'autres guides que leur volonté.

A

Jean Fréderic Struenſée étoit né à Halle , en
1737, d'Adam Struenſée, Paſteur d'une des premières Egliſe de cette Ville; ainſi il dut le jour à
de ſimples bourgeois, & ce fut cette condition
commune qui lui procura une éducation plus ſoi-
gnée. Ses premières années ſe paſsèrent ſous les
yeux d'un père tendre & attentif , & furent
employées à acquérir un grand nombre de connoiſſances utiles , toute ſon éducation fut réglée
d'après un plan médité , & exécutée avec un
ſuccès que le zèle paternel doit peut-être ſeul ſe
promettre. La nature avoit donné à Struenſée une
figure agréable, une grande pénétration, un eſprit
ardent, & beaucoup d'autres avantages précieux ; mais
à ces dons heureux, elle en avoit ajouté d'autres
qui pouvoient être funeſtes. Tel étoit ſur-tout une
ambition démeſurée. Cette obſervation fit naître à
ſon digne père des ſollicitudes bien fondées, lorſque
la renommée lui apprit ſa prompte élévation. Mon
fils, diſoit-il à un de ſes amis, ne pourra ſupporter
les faveurs de ſon Roi. Ce peu de mots renferme toute
l'hiſtoire de Struenſée. Outre cela, Struenſée avoit conſ-
tamment montré un goût exceſſif pour les plaiſirs,
une morale relâchée, & trop peu de reſpect pour la

Religion. Ordinairement, ces défauts prennent un effor fans bornes dans l'ivreffe du bonheur, & font les plus dangereux pour celui dont le fort fixe l'attention générale. Ne fut-ce que par politique, tout homme d'Etat doit s'en garantir avec foin.

Quand Struenfée eut atteint l'âge de choifir un état, il fe voua à celui de Médecin. Il avoit déjà le grade de Docteur, lorfque fon père fut nommé Prévôt & principal Pafteur d'Altona; il l'accompagna, & ne fut pas long-temps fans y acquérir de la réputation & de l'eftime. Entr'autres perfonnes, il fit connoiffance avec deux hommes qui eurent part, chacun différemment, à fa deftinée à venir; c'étoit le Comte de Ranzau Afchberg, & M. de Brandt. Tous deux devinrent fes amis; mais l'un fut dans la fuite le principal inftrument de fa chûte, & l'autre, le compagnon malheureux de fa perte.

En 1768, Struenfée fut nommé Médecin ordinaire, & en même-temps défigné pour accompagner le Roi dans fon prochain voyage. Dès ce moment, il s'attacha tout-à-fait au Roi, ou plutôt fe livra entièrement au defir d'obtenir fes bonnes graces; & il avoit déjà préparé fa faveur, lorfqu'il revint à Coppenhague avec le Monarque. Les cabales naiffoient alors, & les parties fe formoient. Le Comte de Holk étoit à la tête du plus nombreux. Ce jeune Seigneur voluptueux & frivole, avoit féduit le Roi par une conformité de goût. Les Miniftres qui ne croyoient rien avoir à craindre d'un favori diffipé, s'étoient rangé de fon côté. La Reine régnante, Caroline Mathilde, fœur du Roi d'Angleterre, jeune, parée de tous les attraits de la beauté & de l'efprit, avoit auffi fon parti; mais depuis que l'inconftance de fon époux, & fon penchant pour des plaifirs peu délicats l'avoient éloigné d'elle, cette Princeffe ne fe voyoit guères fuivie que de jeunes Seigneurs fans fortune, fans confidération, & fans expérience. Le favori Holk, & les Miniftres qui redoutoient fon afcendant, contribuoient, de concert, à cet éloignement du Roi, & le premier, ofoit ouvertement manifefter fes intentions.

Les deux Reines Douairières, Sophie-Magdeleine, grande mère du Roi, & Juliane-Marie, que fon père avoit époufée en feconde nôce, ennemies auffi de la Reine, devoient avoir encore moins d'influence à la Cour. Juliane, fur-tout, avoit déplu au Roi, pour s'être oppofée à fon mariage, & lui avoit même infpiré des foupçons odieux par fon exceffive tendreffe envers le Prince Friedrich, fon fils unique, frère du Roi, de père feulement. Le château de Friedenf-bourg avoit été donné à ce Prince & à fa mère, afin d'y réfider : là, ils virent leurs partifans les abandonner infenfiblement, & prefque les oublier. La beauté & les charmes de la Reine régnante, avoient encore contribué à cet abandon, & préparé cette inimitié fecrette dont nous verrons de fi terribles fuites.

Cependant l'époufe du Monarque, dont la Cour avoit de jour en jour diminué, délaiffée par les Miniftres, & dédaignée même par les favoris, voulut, au retour du Roi, reprendre fon premier afcendant, en regagnant la confiance de fon époux. Elle étoit convaincue qu'elle n'y réuffiroit jamais, tant que Holk feroit fon favori ; elle ne pouvoit non plus fe réfoudre à fe confier à aucun des Miniftres, & avoit de l'éloignement pour tous, & fur-tout pour le Comte de Bernftorf, qu'elle craignoit. Cette Princeffe n'avoit encore alors aucune raifon de craindre que la Reine Douairière parvînt à fe procurer de l'influence dans les affaires. Elle fe propofa donc feulement de parer les traits qu'elle craignoit de la part des Miniftres, & de perdre le favori domi-nant. Ses premiers pas furent une complaifance pleine d'attentions pour le Roi, une application infatigable à chercher en tout ce qui pouvoit lui plaire. Un concours bien rare de circonstances favorisa le projet de la Reine. Holk, qui ne devoit qu'au caractère du Roi, la faveur dont il jouissoit auprès de lui, qui n'avoit aucun des talens, au moyen desquels, un favori versé dans la connoissance du monde, exercé dans les intrigues de la Cour, brave souvent toutes ses contrariétés, ce frivole Comte de Holk ouvrit lui-même à Struensée (dont les vues artistement cachées, étoient au-dessus de la pénétration de Holk) le chemin qui le mena à la confiance du Roi. Lui-même le conduisit souvent chez le Monarque; il fut lui-même cause que le Roi prit souvent Struensée avec lui, en allant voir la Reine. Holk avoit remarqué que Struensée devenoit aussi odieux à la Reine qu'il l'étoit lui-même, & trouvoit ainsi du plaisir à la mortifier souvent par cette désagréable compagnie. Mais cela ne tarda pas à prendre une tournure bien différente, & qui peint parfaitement la pénétration de la Reine, & l'inexpérience du favori. Elle crut remarquer, à quelques discours du Roi, un changement envers Holk, & plus d'égards pour Struensée. Il ne lui échappa pas

que celui-ci devenoit de jour en jour plus agréable
& plus néceffaire au Roi, que l'empire qu'il prenoit
fur lui, ne s'étendoit pas feulement fur les fecrets
peu importans de fa vie privée; mais encore fur les
affaires de l'Etat. Elle diftingua bientôt la conduite
de Struenfée, des manières cavalières du Comte de
Holk. Le favori ne fe renfermoit pas feulement dans
les bornes d'un refpeɛ̃ convenable; mais encore il
paroiffoit intérieurement touché d'être obligé fouvent d'offenfer la Reine par fa préfence. Cette
conduite, qu'elle interpréta à l'avantage de fon ca-
raɛ̃ère, diminua peu à peu fa répugnance pour
lui. Elle s'accoutuma à le voir, & lui trouva de
l'efprit & de la pénétration. Le goût du Roi pour
lui augmentant, fixa de plus en plus fon attention:
enfin, les chofes en vinrent au point qu'elle lui
accorda en peu de temps une eftime & une bienveillance qui ne tardèrent pas à être remarquées.

A la vérité, ces premiers pas ne furent pas apperçus,
ou peut-être furent méprifés des Miniftres, & du
Comte de Holk qui les avoit lui-même facilités.
Mais ils ne furent pas long-temps fans effets, & la
jeune Reine ne dut fa viɛ̃oire qu'à cette feule circonftance. Le Roi s'ennuya de la vie qu'il menoit,
& par conféquent, devint froid & réfervé envers

Holk. Au contraire, Struenfée parut gagner de plus en plus fa confiance; cette double circonftance n'échappa pas à la Reine; elle vit combien il étoit puiffant, & réfolut de ne pas fe donner de repos, qu'elle n'eût exécuté fon plan contre Holk.

On réfolut alors de faire inoculer le Prince Royal, fon fils. Cette opération fut confiée à Struenfée, au mois de Mai 1770. En même-temps, la Reine déclara qu'il refteroit enfuite chargé de fon éducation. L'inocu-lation eut un heureux fuccès; & les récompenfes répondirent à fon importance. Il fut nommé Confeiller de conférence, & lecteur du Roi & de la Reine, avec un traitement de quinze cens écus; cette nou-velle place lui donnoit le droit d'être toujours à la Cour, & de renoncer à la pratique de la Médecine.

Struenfée, pendant l'inoculation, avoit gagné déci-dément les bonnes graces de la Reine. Cette Princeffe, pleine de fenfibilité, aimoit fon fils de l'amour le plus tendre. Elle ne permit à perfonne de la remplacer auprès du jeune Prince; elle-même lui fervit de garde, & même veilla auprès de lui, & voulut elle-même épier l'inftant de fon réveil pour lui prodiguer fes foins. Struenfée l'affiftoit dans fes fonctions maternelles; ainfi il paffa de longs momens

à

à l'entretenir. Il avoit de l'efprit & des connoif-
fances : fa converfation étoit inftructive & agréable,
& tout fon être avoit quelque chofe de féduifant,
qui ne put manquer de faire impreffion fur le cœur
de la Reine. La confolation & le plaifir qu'elle y
trouva lui en firent bientôt un befoin. De jour à
autre, les entretiens devinrent plus intéreffans, &
il s'établit une confiance réciproque. Struenfée con-
courut avec la Reine, pour s'emparer de l'efprit du
Roi ; ils réuffirent au gré de leurs defirs.

Le premier effet qui réfulta du changement des
difpofitions du Monarque, fut la difgrace du favori
Holk. A ce coups, les Miniftres prirent l'allarme,
ils voulurent éloigner Struenfée ; mais le crédit de
la Reine rendit leur intrigue fans effet. Le Miniftre
de Ruffie qui haïffoit perfonnellement Struenfée,
qui craignoit avec raifon qu'il ne portât le Roi à
fe fouftraire à la dépendance de fa Cour, ne réuffit pas
mieux. Dans peu de temps, la révolution devint géné.
rale, la plupart des principales places furent occupées
par des perfonnes dévouées au parti de la Reine &
de Struenfée. M. de Brandt fuccéda au Comte de
Holk, dans les bonnes graces du Roi, & dans la
place de Directeur du fpectacle & des Menus plaifirs,

B

Le Comte de Bernſtorf, principal Miniſtre chéri, & conſidéré de la Nation, ſur lequel, depuis long-temps, rouloient ſes deſtinées, reçut ſa démiſſion. Le Général Hauch perdit ſa place de Préſident du Collége de guerre, & eut pour ſucceſſeur, le Comte de Ranzau. La Marine, les Finances, & les affaires étrangères, ſubirent les mêmes révolutions; perſonne ne fut nommé pour ce dernier département; le Corps diplomatiqee eut ordre de s'adreſſer par écrit au Roi. Ce fut un moyen à Struenſée, pour prévenir les intrigues du Miniſtre de la Ruſſie. La Reine Douairière contemploit de loin cet orage effrayant; dans ſon mécontentement ſecret, elle tâchoit de combler d'amitié ceux qui en étoient les funeſtes victimes.

Cependant, la jeune Reine & ſon fortuné Conſeiller jouiſſoient, de leur côté, des fruits de la ſupériorité qu'ils avoient obtenue. Le calme & l'union dans leſquels ils vivoient, étoient embellis par les diſpoſitions les plus agréables, & ils couloient des jours fortunés dans les jouiſſances les plus délicieuſes. Mais, ſans oublier de s'aſſurer des moyens de la continuation de cet état, Struenſée, dont les vues étendues alloient juſqu'à s'emparer, entre la Reine & lui, de toute l'autorité royale, ſentoit ne le pouvoir, tant

que cette autorité ne feroit pas réunie dans la feule perfonne du Roi. Ainfi les paffions du Miniftre ambitieux
fuffirent pour changer la Conftitution de l'Etat. En conféquence, ils ifolèrent le Monarque de toute fociété,
parce que fes réfolutions étoient toujours l'ouvrage
de ceux qui l'entouroient. Brandt fut chargé d'ima-
giner tout ce qui pouvoit faire paffer au Roi fon
temps d'une manière agréable. Ce genre de goût
frivole ne fut que trop propre à captiver le Roi.
Bientôt la Reine & Struenfée obtinrent qu'il ne
travailleroit plus avec fes Miniftres, qu'il leur ordon-
neroit de lui remettre tous les papiers d'affaires, &
d'attendre enfuite fes réfolutions.

L'année 1770 fe termina par une révolution
remarquable, qui changea entièrement la forme
du Gouvernement, & affranchit la Puiffance Royale
de toute influence fufpecte à la Reine & à Struenfée, leur affurèrent une autorité fans bornes dans
toutes les affaires de l'Etat. Par un Edit du Roi,
en date du 22 Décembre, entièrement écrit de
fa main, ce Confeil privé d'Etat fut fupprimé,
& on érigea à fa place une commiffion privée
de conférence, compofée des chefs de différens

départemens, dont l'autorité devoit être reſtreinte dans les bornes les plus étroites. Les Membres de cette commiſſion ne devoient s'aſſembler qu'à certaines époques. On leur ouvroit la carrière la plus vaſte pour les délibérations, mais en leur ôtant tout pouvoir exécutif. Ils n'obtinrent aucun titre particulier, aucune prééminence de rang, & cela formoit ainſi une commiſſion dépourvue de toute conſidération, de toute influence, & qu'on pouvoit, à chaque inſtant, ſans beaucoup de bruit, caſſer & ſupprimer. On n'avoit pas eu la même facilité dans la diſſolution du Conſeil d'Etat : ce Conſeil avoit toujours été le premier Corps de la Nation. Il lui revenoit, d'après la capitulation de Frédéric III, une préféance effective & éclatante, le Gouvernement de l'Etat en cas de minorité du Roi, de concert avec les tuteurs légaux. Il croyoit être le repréſentant & l'intermédiaire, entre les droits du peuple & l'autorité Royale; lui ſeul avoit droit de prononcer dans les affaires de la Nobleſſe.

On prit encore quelques autres meſures pour conſolider ce grand œuvre. On ſçut auſſi perſuader au Roi de confier à Struenſée le rapport des affaires. Et tout déſormais fut réglé par le Roi, ou plutôt fon Confeiller. L'autorité royale fut libre de tout frin , & devint , entre les mains de ceux qui la dirigeoient à leur gré, une puiſſance à laquelle rien ne pouvoit réſiſter. Une jeune Prin-ceſſe de vingt ans, un homme d'une baſſe extraction , quelques jeunes gens ſans conſidération , avoient entrepris cet ouvrage, l'avoient, en peu de mois, amené à ſa perfection. Et dans le court interval où Struenſée conſerva ce pouvoir extraordinaire , il ſe montra grand politique, ſage Légiſlateur, génie hardi & élevé au-deſſus des lumières de ſa Nation.

D'abord, il ſçut délivrer le Danemark de l'in-fluence tyrannique de la Cour de Ruſſie, ſans rompre cependant ſon alliance. Il oſa, le premier, mépriſer les menaces qu'elle fit de ne pas conſommer le traité de l'échange du Holſtein , & ſur l'avis qu'une Eſ-cadre Ruſſe alloit faire voile vers Copenhague, pour forcer le Roi à le renvoyer, trois vaiſſeaux de ligne & deux frégates furent armés & bientôt en rade. Cette conduite étoit l'effet des grandes connoiſſances de Struenſée ſur la véritable ſituation de la Ruſſie. Il ſavoit qu'elle étoit preſque épuiſée par la guerre contre les Turcs, par les fermentations intérieures, par ſon luxe effréné , par ſa magnificence ſans bornes.

En pourſuivant avec ardeur l'échange du Holſtein,
il changea une dépendance humble qui aviliſſoit ſa
Nation en une noble condeſcendance. Son plan
pour la Suède fut également ſage ; il penſoit qu'il
falloit reſtreindre dans ſes juſtes bornes ce principe,
ſource de querelle, que la Suède eſt l'ennemi du
Danemarck, à renoncer inſenſiblement à ſe mêler des
affaires intérieures de ce Royaume ; c'étoit éviter
de grands embarras, & de plus grandes dépenſes.
Il crut auſſi qu'il devenoit intéreſſant de regagner
la bienveillance de la France, ſoit par des vues de
commerce, ou pour s'en faire un appui. Son principe
général de politique fut que le Danemarck ne devoit
ſe mêler des affaires des autres Cours, qu'autant
qu'elles influoient ſur le commerce de ſes ſujets,
& que le motif d'avoir des Miniſtres dans les différentes Cours, étoit plutôt afin d'en retirer des avantages réels, & de ſe ſouſtraire à toute influence
étrangère, que pour un vain éclat.

L'adminiſtration intérieure de Struenſée décéloit
bien le même génie ; mais montra auſſi que le choque
des paſſions, & l'intérêt particulier le portèrent à
ſacrifier ſouvent l'honneur & l'utilité de l'Etat, la
réputation du Roi, & les propriétés les plus ſacrées

Sa pofition, relativement à fon Maître, étoit on
ne peut plus difficile. Il falloit le fubjuguer, ou
renoncer à toute entreprife dans les affaires d'Etat.
Auprès de ce Prince, les Confeils étoient perdus.
Qui vouloit exécuter quelque chofe en fon nom,
devoit l'emporter par fon propre afcendant. Dans cet
état des chofes, Struenfée entreprit les changemens
fuivans. La décifion finale des affaires fut attribuée
au Roi feul ; les demandes devoient lui être adreffées
par écrit, & il donnoit de même fa réponfe. Dans
le cas où le Roi defireroit, fur une affaire, plus de
détails que n'en renfermeroit la demande portée, le
département feul auquel appartiendroit cette affaire,
feroit confulté. Les affaires feroient traitées & ter-
minées d'après des règles fixes. Les plus grands projets de Struenfée étoient relatifs aux Finances, &
les plus importans étoient de ne conferver qu'un feul
Collége de finance, de rejetter tout plan qui n'auroit
pas un rapport immédiat à l'économie, de verfer
tous les revenus du Roi dans une feule caiffe générale, afin que le Roi pût mieux en furveiller la
fituation, de diminuer les impôts, de convertir en
redevance d'argent les impofitions qui fe payoient en
nature, afin de détruire les abus multipliés qui en

réfultoient, & ranimer l'induftrie du cultivateur; de refufer tout fecours , toute protection aux Fabriques ou aux entreprifes mercantiles qui, par leur nature , ne tendant pas au bien du pays , de réduire les penfions & les appointemens exclufif; de fupprimer plufieurs dépenfes de la Cour; de ceffer beaucoup de bâtiffes & d'embelliffemens commencées aux châteaux Royaux ; & enfin , de déterminer pour chaque efpèce de dépenfe , une fomme fixe par an , qui ne pouvoit jamais être outrepaffée.

Struenfée avoit auffi conçu des améliorations, non moins importantes , dans le département des Tribunaux ; elles confiftoient principalement à réduire la Cour de Juftice , & à établir pour bafe fondamentale qu'aux yeux de la juftice, tout homme , de quelque état & de quelque qualité qu'il fût , ne feroit regardé que comme un fimple bourgeois, à fupprimer les épices & abréger les procédures (1). La Marine

---

(1) Tant que les charges de Magiftrature s'acheteront, on vendra la juftice au plus *offrant & dernier enchériffeur*, l'intrigue, les maîtreffes & les fecrétaires de ces Meffieurs, étant autant de bas moyens que l'on eft quelquefois forcé d'employer, pour obtenir un jugement prefque toujours ruineux pour les deux Parties. Le Juge qui a des épices, rie des victimes qui l'ont payé; il livre alors fa proie à un Procureur avide qui, fous le poids d'une chicane monftrueufe, achève d'accabler le malheureux qui a

devoir

devoit être mieux tenue, mais non pas augmentée.
Quant aux troupes de terres Struensée s'étoit proposé
des réformes fort difficiles.

A l'égard de la Noblesse, il persuada au Roi
qu'il étoit pernicieux d'attirer beaucoup de monde
à la Cour, parce que la Noblesse a bientôt épuisé
sa fortune par un train dispendieux dans la Capitale, qu'il ne reste plus d'argent dans les Provinces,
& que les coffres du Roi finissent par en souffrir.
Il persuada même au Roi qu'il étoit plus sûr
pour sa personne, & ceux à qui il confioit l'exécution de ses ordres, que la Noblesse fût dispersée,
& occupée à l'administration de ses terres, que de
la voir fourmiller dans la Capitale.

Il vouloit même que les jeunes gens de famille

---

eu recours à son ministère. Pour comble d'infamie, au bout de quelques
mois, un Arrêt, outrageant à la fois la nature & l'humanité, jette l'infortuné dans un cachot, s'il n'a pu solder le *noir & le blanc qu'on a brouillé,*
pour ou contre lui. Est-ce en Affrique, qu'on traite ainsi les hommes,
non?........ Lecteurs François, combien de foi le spectacle de ces
horreurs, s'est-il offert à vos yeux ?.....

Plus de vénalité dans les charges, des Magistrats payés par l'Etat, pour
rendre la justice, un Tribunal pour surveiller les Jugeurs, alors le Temple
de *Thémis* sera l'asyle des malheureux, leur consolation, & ses Ministres
en méritant l'amour des peuples, *réuniront tous les suffrages.*

C

s'accoutumaſſent à travailler dans les grades inférieurs, pour s'élever enſuite aux emplois plus élevés, & qu'ils ne cruſſent pas avoir des droits aux premières places uniquement par leur naiſſance, ou par la conſidération de leurs parens. Il vouloit auſſi ſupprimer toute ſurvivance aux emplois, toute franchiſe qui bleſſoit les droits des citoyens, tout titre ſans charge & tout paſſe-droit. Il tâcha d'amener le Roi à n'avoir égard, dans la nomination des emplois, à aucun placet ou recommandation particulière; mais à s'en rapporter entièrement à la propoſition des différens départemens. Il inſiſtoit auſſi fortement auprès du Roi, pour détruire le luxe dans la Capitale, & faire revivre les arts & l'induſtrie. Il vouloit qu'on s'efforçât de rendre la vie agréable aux étrangers comme aux regnicoles, afin d'attirer un plus grand nombre des premiers, & de fixer davantage ces derniers.

Sur l'article des mœurs publiques, il voulut abolir la rigueur des ordonnances de Police, regardant comme contraire à la liberté naturelle de l'homme, de mettre des entraves à ſes actions morales, qui n'ont pas une influence directe ſur le repos & la ſûreté de la ſociété.

Les premières opérations ministérielles de Struensée, dès qu'il fut parvenu à affranchir l'autorité Royale de toute autre influence que de celle de la Reine & de la sienne propre, regardèrent les Finances. La nécessité d'introduire à la Cour, & dans tout le Royaume, une administration plus sage, étoit urgente. Ainsi les gages de toutes les personnes attachées à ce service, éprouvèrent quelque changement. La plupart des pensions furent réduites, & quelques-unes même entièrement retirées. Le grand Maréchal, des Dames d'honneurs & des Pages, reçurent leur congé. Le nombre des valets & des gens d'écuries fut diminué. On ôta aux Chancelleries les épices pour les donner au trésor Royal. Les collèges de l'Amirauté & des Finances de la Douane & du Commerce furent supprimés & réunies en une seule commission. Par un ordre du cabinet du trois Avril 1771, on démit le Magistrat de la Ville, & à sa place on créa deux Bourgue-Maîtres. L'assemblée des Trente-deux, composée de trente-deux Bourgeois de Coppenhague, qui avoient le droit de nommer les places vacantes parmi eux, d'inspecter les réglemens du Conseil-d'Etat, d'examiner même la situation des revenus publics, fut supprimée par

un ordre pareil. Les franchifes des Miniftres étrangers furent confidérablement reftreintes; les Gardes-
du-Corps à cheval réformés. Trois cents Dragons les
remplacèrent. Le nombre des chevaux deftinés aux
haras fut fixé à cent.

Ces fuppreffions, pendant un hiver long & rigou-
reux, donnèrent lieu à de grands mécontentemens,
& ajoutèrent à la misère ; mais d'autres réformes firent
luire l'efpérance fur les campagnes, ce fut l'aboli-
tion prefque totale des corvées , fardeau dont le poids
porte toujours fur la claffe la plus pauvre, la plus
active & la plus induftrieufe. On laiffa aux payfans
la culture de leur terre pour leur propre compte,
& l'on reftreignit la corvée dans des bornes modérées
& certaines. Cette utile opération fut commencée
dans les Domaines de la Couronne , & imitée bientôt
par les Seigneurs. Les vues de Struenfée s'étendirent
jufqu'à l'aboliffement totale de la fervitude; mais
ne purent s'exécuter par les réclamations multipliées
des Seigneurs.

Struenfée partageoit fes heures fortunées entre le
foin des affaires, la fociété charmante de la Reine,
& l'éducation du Prince Royal. Dans cette éducation ,
il ne montroit pas moins de génie que dans ce que

nous le venons de voir entreprendre , & ce fut cependant un des crimes qui dicta à ses Juges son arrêt de mort. Le Prince Royal ne mangeoit que des légumes, ne buvoit que de l'eau ; dans les commencemens, on le força de se baigner dans l'eau froide deux ou trois fois par semaine ; il s'y accoutuma , bientôt , & finit par le faire de lui-même tous les jours. On ne faisoit jamais de feu dans sa chambre ; son habillement n'étoit que d'une étoffe légère , & de la forme de celui des Matelots ; ses jambes étoient nues. On l'appliquoit à toutes sortes de petits exercices que son âge comportoit, & qui pouvoient augmenter ses forces. Ce qu'il demandoit en pleurant ou avec hauteur, lui étoit refusé ; mais sans réprimande ; le demandoit-il avec l'air riant & l'expression d'un cœur bon & ouvert, sur le champ il l'obtenoit. Punitions, menaces, reproches & caresses, jamais ne furent employés auprès de lui. Lorsqu'il manquoit en quelque chose, on lui montroit sa faute, & ce qu'il auroit dû faire : on lui disoit qu'il y avoit de la honte à en commettre , & l'on faisoit germer tout naturellement en lui le sentiment de la honte, & le desir de devenir meilleur. S'il tomboit, on ne témoignoit ni inquiétude, ni pitié. Un petit orphelin du même âge que lui, étoit son camarade de jeu, & étoit tenu en tout exactement comme le Prince. Ils s'aidoient l'un l'autre, soit à leur toilette, soit à table. Ils pouvoient tenter tous les yeux qu'ils vouloient, on ne leur laissoit sous la main rien qui pût leur faire du mal; s'élevoit-il quelque contestation entr'eux, aucun médiateur ne se mêloit de les raccommoder; le besoin de compagnie devoit ramener le coupable vers l'offensé, & leur réconciliation ne résultoit que d'un sentiment de cœur parfaitement libre. Un seul valet étoit constamment auprès d'eux pour les surveiller, personne n'osoit, sans nécessité, causer avec eux; bien moins encore les entretenir de sots contes. Il étoit défendu à qui que ce fût de jouer avec eux, & de donner à l'un de ces enfans, quelque préférence sur l'autre. Chacun d'eux n'étoit appellé que par son nom de baptême; les étrangers qui demandoient la permission de les voir, étoient priés d'en faire autant. Il en venoit souvent, & le petit Prince s'y accoutuma bientôt. Il battoit hardiment devant eux sur son petit tambour, couroit amicalement au-devant de tout le monde, & il n'étoit jamais plus gaî, que lorsqu'il étoit entouré de beaucoup de spectateurs; on avoit fixé l'âge de fix ans, comme l'époque à laquelle on commenceroit à l'inftruire, jufques-là l'exercice & l'expérience devoient être fes feules leçons; c'eft de-là qu'il devoit emprunter fes idées; c'eft ainfi qu'on laiffoit fes difpofitions naturelles fe former & fe perfectionner peu-à-peu. C'eft ce plan d'éducation qui a fait déclarer aux Juges de Struenfée qu'il s'étoit rendu coupable d'avoir expofé fouvent le Prince Royal au plus imminent danger de perdre la fanté & la vie.

Le Roi, devenant de jour en jour plus infouciant, & donnant de plus grandes marques de foibleffe d'efprit, fut environné avec de nouveaux foins par les créatures du favori qui put, avec plus de facilité, placer fes frères dans les poftes les plus impor-tans, & difgracier ceux qu'il n'aimoit pas. Cette puiffance prodigieufe de Struenfée, & les coups d'autorité dont il faifoit fans ceffe ufage, excitoient l'envie, & propageoient le mécontentement. On fe plut fur-tout à faire des obfervations malignes fur fon intimité avec la Reine; on ne manqua pas de remarquer qu'il l'avoit accouchée fans appeller d'autre Médecin, que Berger, le Médecin ordinaire, fon confident. Ces difcours fe répétèrent par des perfonnes d'un rang diftingué, & jufqu'à la Cour & fous les yeux de la Reine Douairiaire & du Prince Friederich. La jeune Reine fut effrayée d'apprendre leur publicité; & l'impreffion qu'ils laiffoient, le danger qui la menaçoit, & plus encore la crainte d'expofer des jours qui lui étoient chers, décida cette Princeffe à fe conduire avec plus de réferve. Elle ne vit plus Struenfée; mais ce plan fi fage ne dura pas plus que les traits qui l'avoient néceffité. La méchanceté fatiguée fe tut, la prudence raffurée s'endormit, & la paffion impatiente reprit une nouvelle vie. L'ambition de Struenfée vint encore réveiller l'envie; il ne fe contenta pas d'avoir été annobli & décoré du titre de Comte, ainfi que l'avoit été fon ami de Brandt. On créa en fa faveur, par un ordre du Cabinet, daté du 14 Juillet, le titre de *Miniftre fecret du Cabinet.* Le pouvoir que le Roi y joignoit étoit auffi nouveau que la qualité. Struenfée fut autorifé à prendre verbalement les ordres de fon Maître, & d'après l'interprétation qu'il jugeoit à propos de leur donner, fans la fignature du Roi, & fous le fimple fceau privé du Cabinet, à les expédier aux divers départemens. Le lendemain, les Miniftres reçurent un ordre exprès du Roi, de fuivre en tout point les

ordres

ordres expédiés de cette manière, autant qu'il ne trouveroit pas d'ordonnances Royales qui y fuſſent contradictoires; & dans le cas où il y en auroit, les départemens devoient alors adreſſer leurs repréſentations au Cabinet Royal.

Le Monarque conféra également à ſon Miniſtre l'expédition de tous les ordres qui, ſur les repréſentations d'un Collége quelconque, devoient être transférés à un autre, & en même-temps, il leur interdit l'expédition & la communication d'aucun ordre d'un Collége à un autre. Le Miniſtre devoit toute les ſemaines préſenter au Roi, pour être approuvés, un extrait de tous les ordres qu'il avoit expédié; par cette formalité, ils acquéroient la même ſanction, que ſi le Roi les eût effectivement ſignés. Le cerveau ébranlé du Roi ne laiſſoit plus de frein à l'ambition démeſurée du Miniſtre.

Dans cette ſituation des choſes, Struenſée oſa encore faire accorder une liberté de preſſe illimitée. Le deſir d'étendre ſa célébrité dans toute l'Europe, lui fit dicter ce réglement abſurde ſous un gouvernement deſpotique, au milieu des mécontentemens de tant de Militaires réformés, de tant de gens en place dépoſſédés, de tant de Grands diſgraciés, & ſur-tout,

D

quand par des coups répété d'autorités , il avoit enlevé à la Nation Danoise les derniers débris de ses libertés. En effet , ce que les observateurs ordinaires , & les folliculaires serviles copistes , regardèrent comme un trait de génie, fut le prélude des malheurs qui atteignirent bientôt Struensée & ses créatures. Ce favori suscita à son pouvoir des attaques dont il n'avoit pas calculé la force. Chaque jour vit paroître de nouvelles satyres , de nouveaux libelles contre lui. Son mépris donna plus d'audace à ses ennemis, leur rage alla si loin, que le Roi & la Reine furent attaqués de la manière la plus insolente. La dignité Royale, ainsi ravallée, devint , pour toute la Nation, un objet de mépris & de raillerie; le mal fut porté à son comble , & il fallut les moyens les plus extrêmes pour y remédier. Après quelques exemples de sévérité , un calme parfait succéda à cette tempête furieuse. Mais les esprits restoient aigris , le peuple s'étoit accoutumé à mépriser le nom & le pouvoir du favori ; & l'opinion de cette Reine des Empires, cette base de tous les trônes, parut insensiblement l'abandonner.

On ne s'en apperçut que trop dans un évènement qui eut lieu. Vers la fin de Septembre , trois cents

Matelots avoient été mandés de Norwège pour une
expédition projettée depuis long-temps contre la
république d'Alger. D'après les réglemens établis,
les Marins n'étoient payés qu'à compter du jour de
leur embarquement. Ceux-ci se trouvoient à Coppenhague depuis six semaines, & ne recevoient pas
un sol de l'Amirauté. Sans travail, sans paye, ces
malheureux manquèrent bientôt de tout. Leur misère, leurs plaintes, leurs murmures, ne leur firent
obtenir aucun secours ; ils virent enfin qu'il ne leur
restoit d'autre ressource qu'une résolution violente.
Ils conjurèrent ensemble, & députèrent un grand
nombre d'entr'eux à Hirschholm, où étoit la Cour,
avec serment de ne pas revenir sans soulagement
ou vengeance. Les conjurés partirent de la Capitale
avec une ardeur menaçante : on n'osa pas les retenir ;
mais la nouvelle de leur émeute vola devant eux à
la Cour. Le Roi étoit à la chasse, ainsi que la Reine ; un
Aide-de-Camp reçut les mécontens, & leur demanda
le sujet de leurs plaintes. Nous voulons voir notre
père (c'est ainsi que les Norwégiens appellent leur
Roi), il faut qu'il nous entende & nous secoure.
Il avança des Dragons ; cette apparence de sévérité
irrita encore plus leur colère ; ils montrèrent des

D ij

armes de la réfolution, & menacèrent d'en venir eux-mêmes aux voies de fait. L'Officier cependant parvint à les radoucir, promit de leur faire rendre juftice, & les détermina à s'en retourner.

Cette première révolte, fomentée par les ennemis de Struenfée & de la jeune Reine, porta les Matelots à de nouveaux excès. Le Prince héréditaire & la Reine Douairière osèrent fur-tout en concevoir des efpérances, & commencèrent à former fourdement un parti. Struenfée pénétra ce plan de conduite. Effrayé des dangers qui fe multiplioient autour de lui, & fuccombant fous le poids des affaires, il voulut quitter la Cour, fe jetta aux pieds de la Reine pour obtenir fon agrément, lui repréfenta les ennemis nombreux dont ils étoient environnés, ce qu'elle-même auroit à craindre, fi le Roi fe laiffoit un inftant prévenir. Les follicitations de Struenfée furent impuiffantes fur cette Princeffe, qui ne vouloit écouter que les mouvemens de fon cœur. Reftez, lui dit-elle, ou vous me forcerez à une démarche qui décidera de ma deftinée. Cet ordre fi précis fit taire le fentiment de crainte qui agitoit le favori. Cependant, il prenoit des précautions qui déceloient de plus en plus fa foibleffe, & augmentoient l'efpoir de fes ennemis. La perfonne du Roi fut gardée avec un

nouveau foin, & par des troupes plus nombreufes.
Nouveauté attriftante pour les Danois. Lorfque le
Monarque venoit à la Capitale, on ignoroit toujours
par quelle porte il entroit; l'ordre ne fut conftamment donné qu'au moment de monter en voiture.
On donna des fêtes aux Matelots Norwégiens, où ils
fe livrèrent aux plus grands excès, & l'on fe hâta
de les renvoyer chez eux. En même-temps Struenfée
fit fes efforts pour fe rendre agréable à la Cour de
Ruffie. Incertain dans fes réfolutions, il rétrogradoit
fur des changemens entrepris; il n'ofoit mettre à exécution des démiffions ordonnées; il adouciffoit l'efprit
des ordonnances, careffoit ceux qu'il avoit traité
avec mépris, & recouroit aux plus petits moyens,
pour gagner le peuple de la Capitale. Ses confidens
environnoient plus conftamment le Roi, & le féjour
de la campagne fut prolongé afin de l'éloigner plus
facilement des perfonnes fufpectes. Sur ces entrefaites,
les cinq compagnies de Gardes-du-Corps à pied furent
fupprimées par un ordre du cabinet, & incorporées
dans d'autres corps. A la lecture de cet ordre, tous
les Soldats fe foulèvent, réfiftent aux corps de troupes
qu'on leur oppofe, viennent en partie au Château
où étoit le Roi, & contreignent enfin l'adminiftra-

tion à leur accorder un congé avec des gratifications. L'inſtant de leur départ toucha le peuple qui ſe ſouleva à ſon tour, & commit de grands excès. Alors Struenſée ſentit la néceſſité de ramener la Cour à ſa réſidence ordinaire. La Reine qui ſembloit prévoir le ſort terrible qui l'attendoit , céda avec peine à cet avis. Mais les précautions du favori, & ſon incertitude, excitèrent de nouveau des mécontentemens. Toutes les gardes poſtées autour du Château de l'Arſenal qui y eſt attenant , furent doublées , les canons furent mis en état, & ſix mille cartouches furent diſtribuées à l'Etat-Major. La fermentation augmenta de jour en jour, il ſe faiſoit des ſéditions partielles, & les mouvemens ſe faiſoient entendre avec plus d'hardieſſe.

Cependant, les projets de Juliane, Reine Douairiaire, ſe nourriſſoient ; un partiſan vint leur donner plus de conſiſtance, & en hâter l'exécution. Ce partiſan étoit le Colonel Koller , dont le Régiment faiſoit partie de la garniſon de Coppenhague. Aigri de nouveau contre Struenſée , pour une inſulte que ce Miniſtre avoit fait à un de ſes Officiers ; il lui avoit juré une haine implacable, & perſonne n'étoit plus propre à ſuivre l'impulſion de la vengeance.

Un esprit hardi & résolu, un caractère dur & inflexible, une fermeté inébranlable, une ambition démesurée, une ame qui paroissoit faite pour les sensations violentes, une rodomontade inépuisable, un air noble, une taille vigoureuse, telles étoient les qualités distinctives de Koller. Lui-même s'étoit ouvert à la Reine, l'avoit conjurée de venir à son secours, à celui de l'Etat entier, & lui avoit offert ses plus dévoués services. La Reine reçut cette proposition avec les expressions les plus vives de satisfaction & de bienveillance, l'assura d'une protection sans bornes, & même lui découvrit ses vues qui donnèrent au Colonel la perspective de la vengeance la plus complette. Il les saisit avec toute l'impétuosité de son caractère, jura à la Reine une fidélité inviolable, exigea d'elle qu'elle ne découvrît, à qui que ce fût, leur commun secret. La Reine le lui promit, & tint parole. Elle n'oublia pas non plus à s'assurer de quelques principaux personnages ; mais sans leur faire confidence de ses projets.

Le Régiment, aux ordres du Colonel Koller, le plus zélé & le plus hardi des conjurés, devoit, le 15 Janvier, monter la garde, tant au château que dans les alentours, & le même jour, il devoit y avoir bal public à la Cour. Dans toute la Garnifon , il n'y avoit pas de corps, fur lequel la Reine Douai- rière . & fes partifans puffent mieux compter, pour appuyer l'exécution de fes projets ; & le bal fournit la meilleure occafion de tout difpofer en conféquence. La Reine fentit tout l'avantage de cet arrangement, & ne voulut pas le manquer. Elle convint de tout avec les conjurés, & elle attendit le moment d'exé- cuter, avec une mortelle impatience. Les heures s'écouloient trop lentement à fon gré ; d'un côté, elle voyoit s'approcher le moment d'une vengeance fi ardemment defirée ; de l'autre, en penfant à l'orage affreux qui alloit fondre fur elle, le caractère lâche de fon fils, l'ardeur bouillante du Colonel Koller, la légèreté du Comte de Ranzau , le courage non éprouvé du Colonel Eichftadt ; tout cela remplif- foit fon cœur de trouble & d'engoiffe. Enfin , la nuit arrive, & le bal commença. On remarqua depuis, comme une chofe fans exemple, que de tous les Miniftres étrangers , celui d'Angleterre s'y trouva feul. La Reine , Mathilde, fans aucune follicitude , fe livra avec l'abandon d'une entière confiance, aux diffipations que la circonftance offroit. A une heure après minuit , elle danfoit encore, pour la clôture du bal, avec

le

le Prince Friedrich. Les principaux de ses partisans avoient encore l'honneur de faire la partie du Roi ; dernière jouissance de ces infortunés ! Le bal finit, chacun alla se coucher ; cependant, on préparoit à la Reine régnante, & à son parti, le plus affreux réveil.

Trois heures sonnèrent ; c'étoit le signal de l'exécution de la conjuration. Un profond silence régnoit dans tout le Château ; le Colonel Koller va à la grande Garde, prend avec lui les Officiers, les mène au Corps-de-Garde du Château ; il leur déclare que le Roi l'a chargé d'arrêter la Reine régnante & ses partisans, & leur ordonne de le suivre chez la Reine Douairière. L'effroi d'un ordre si grave, l'air imposant du Colonel, la dignité qu'il donnoit à son maintien, le sang froid, le ton artistement affecté, avec lequel il prononça ce peu de mots, étourdirent tellement tous ces Officiers, qu'aucun d'eux ne demanda l'exhibition de l'ordre du Roi. Si un seul d'entr'eux eût eu la présence d'esprit de faire cette demande toute naturelle, pour lors le Colonel, confondu & convaincu du plus infâme mensonge, n'eût plus été, aux yeux de ses Officiers, un fidèle sujet, mais un conjuré coupable. Leur devoir auroit été de s'assurer de sa personne, & le coup étoit

E

entièrement manqué. Mais Koller fut auffi heureux que hardi; il fe rendit, avec fon efcorte, chez la Reine Douairière. Le Prince Friedrich, le Comte de Ranzau, & le Secrétaire-privé du Prince Friedrich, un certain Guldberg, ci-devant Maître d'écriture, qu'on avoit employé à mettre fur le papier tout le plan de la conjuration, & dreffer l'ordre d'arrêt, entrèrent en même-temps dans fon appartement. Pendant ce temps-là, le Colonel Eicftadt faifoit prendre les armes à fes Dragons, les poftoit autour du Château, pour empêcher que perfonne n'entrât, & pour recevoir les prifonniers. Les différens rôles furent bientôt diftribués. Le Comte de Ranzau fut chargé d'arrêter la Reine, & le Colonel Koller, le Comte de Struenfée. Quant au Comte de Brandt, au frère du Miniftre, & aux autres partifans de la Reine, ce furent de fimples Officiers qui eurent commiffion de s'affurer de leurs perfonnes. Koller courut à l'appartement du Comte de Struenfée; les Officiers fe partagèrent; la Reine Douairière, le Prince Friedrich, le Comte de Ranzau, & le Secrétaire Guldberg, qui guidoit leurs pas à la lueur d'une bougie, fe rendirent à la chambre à coucher du Roi. La porte étoit fermée, & aucune des clefs, dont on s'étoit

muni, ne pouvoit l'ouvrir ; les inſtans étoient précieux, on ne vouloit pas en perdre un ſeul. Ranzau
court au lit du valet-de-chambre de ſervice, fait
grand bruit, prend l'air effrayé, & lui ordonne, en
mots entrecoupés, de venir auprès du Roi. Ce valet
court vers ſon Maître, & trouve la Reine & le
Prince Friedrich avec Ranzau ; on lui ordonne d'ouvrir la chambre du Roi ; l'heure indue, les perſonnes
qu'il voit, le trouble, l'agitation extraordinaire qu'il
remarque en elles, tout lui eſt ſuſpect ; il refuſe ce
qu'on lui demande. L'embarras de la Reine eſt inex-
primable ; ce Prince tremble ; Ranzau & Guldberg
qui, de frayeur, laiſſent tomber la lumière, n'ont pas
le courage de prendre de force la clef au valet-de-
chambre. C'étoit un homme vigoureux & réſolu ; puis
on ne vouloit pas faire de bruit. On chercha donc à l'ef-
frayer ; on lui conta que tout le peuple s'étoit révolté ;
que les rebelles vouloient entrer de force dans le
Château ; que la garde ne pouvoit réſiſter à leur fureur ;
que la vie du Roi étoit dans le plus grand danger,
& qu'il n'y avoit pas un moment à perdre pour le
ſauver. La Reine & le Prince parurent fort inquiets
pour le Monarque. Le valet-de-chambre eſt ému ; il
s'effraie lui-même, & la promeſſe d'une bonne récom-

E ij

penfe, achève de donner la dernière impulfion à
fa volonté chancelante. Il fe rend, & introduit la
Reine, avec fa fuite, dans l'appartement du Roi
qui dormoit. On arrache avec violence les rideaux
de fon lit; il s'éveille en furfaut; il s'effraie; Ranzau lui annonce malheur, défaftre; il offre à fon
imagination mille images plus lugubres les unes que
les autres; les paroles trompeufes portent avec elles
la crainte & l'effroi; elles peignent un peuple fou-
levé, révolté contre l'autorité du Roi & celle de
Struenfée, qui a juré leur perte; qui, par fes cris,
demande vengeance; à qui il faut des victimes pour
l'appaifer, & qui eft prêt à fe livrer à tous les
excès, fi on ne les fatisfaifoit pas. Quel malheur, --- ou
fuir? --- s'écrie avec la voix la plus angoifée, le Roi
effrayé. Au fecours, --- fauvez-moi; que faire? ---
Signer cet ordre, cria Ranzau, en redoublant d'ardeur,
& je fauve mon Roi, fon palais & fon peuple. Le
fatal papier étoit déjà fur la table de nuit du Roi;
c'étoit Ranzau qui lui avoit tendu ce piège, & la
Reine Douairière tenoit déjà la plume cruelle qui
devoit tracer l'arrêt des victimes de fa vengeance.
Le Roi prend froidement la plume, & la rejette avec
violence, dès qu'il voit fur le premier papier le nom

de sa Mathilde. Il sembloit que ce nom , jusques-là si indifférent pour lui , rendît à son esprit l'énergie qu'il avoit perdue depuis si long-temps ; il veut à toute force se lever , & , de force , on l'en empêche. Un nouvel orage vient fondre sur lui. Ranzau entasse de nouveau les mensonges les plus effroyables ; le peuple , dit-il , est aux portes du Château , le fer & le feu à la main , la rage dans le cœur ; il n'y a plus de salut. L'esprit foible du Monarque ne peut résister à ce nouvel assaut ; la frayeur le subjugue , ses pleurs coulent , sa main tremblante , dans laquelle il se trouve déjà une plume , sans qu'il en sache rien , signe l'ordre qui est devant lui , & Ranzau vole en hâter l'exécution. Cependant , le Colonel Koller s'étoit rendu chez le Comte de Struensée , sans attendre l'ordre du Roi pour l'arrêter. Il laissa , dans l'antichambre , les Officiers qui l'accompagnoient , & entra seul dans l'appartement du Ministre Struensée , qui s'éveilla au bruit que le Colonel fit en entrant ; il le reconnut avec surprise & avec effroi , lui demanda en quelle qualité il venoit chez lui à une heure aussi indue. Vous allez le voir , lui répondit brutalement le Colonel ; levez-vous , & en même temps il le prend au collet , & le secoue jusqu'à le mettre entièrement hors de lui-même. Le foible Struensée se déconcerta tout-à-fait, céda à la force, & fut emmené à la citadelle, dont on avoit déjà préparé la prison pour le recevoir lui & ses amis. Si l'infortuné eût seulement eu plus de courage ; qu'il eût, par la moindre résistance, obligé les Officiers de la suite de Koller, d'entrer dans sa chambre, & que là, en leur présence, il eût exigé que le téméraire Colonel exhibât l'ordre du Roi, pour lors Koller n'eût pas été aussi heureux cette fois, qu'il venoit de l'être au Corps-de-Garde, & auroit peut-être été lui-même victime de son audace & de sa témérité. Le frère aîné de l'infortuné Ministre, le Comte de Brandt, le Général Golber & sa femme, le Colonel Falkenschiold, le Médecin ordinaire Berger, le Général Hude, Commandant de la Ville, le Baron de Bulow, le Secrétaire d'Etat Joga, & quelques autres partisans de Struensée, furent l'un après l'autre, & dans le plus profond silence, conduits dans différentes prisons. Il restoit encore à exécuter le plus affreux de ces coupables attentats. Le Comte de Ranzau, avec le Colonel Eichstadt, & divers Officiers, se rendit à l'appartement de la Reine régnante. Elle entend du bruit dans son antichambre, & appelle ses femmes; elles

accourent ; la Reine voit fur leur vifage la pâleur
de l'effroi ; elles reftent muettes, & comme fourdes
à fes queftions. La Princeffe, alarmée, fe lève, &
veut apprendre la caufe de leur trouble ; enfin, l'une
d'elles lui dit, que le Comte de Ranzau eft dans
fon antichambre, avec quelques Officiers, & demande
à entrer de la part du Roi. Ranzau, de la part du
Roi, s'écria-t-elle : vîte, qu'on courre chez Struenfée :
on lui répond qu'on s'eft déjà affuré de fa perfonne,
qu'il eft arrêté. Trahis! perdus à jamais, perdus !
s'écrie-t-elle avec la douleur la plus vive : pourtant
qu'ils entrent : les traîtres, qu'ils entrent. Je fuis
prête à tout ; elle s'avance d'elle-même au devant
d'eux à demi-habillée, & fans fe déconcerter. Ranzau
lui adreffe la parole, & lui lit l'ordre du Roi. Elle
l'écoute avec fermeté & fans réplique, & veut le
lire elle-même. Ranzau lui tend le papier ; elle le
lit d'un bout à l'autre, fans faire appercevoir le
moindre effroi ; le jette à terre avec mépris, & s'écrie :
je reconnois bien là les traîtres & le Roi ; Ranzau
la prie de fe conformer aux ordres du Roi : fes ordres,
répond-elle, avec un rire moqueur, fes ordres, dont
lui-même ne fait pas un mot, & que la plus lâche
perfidie a furpris à fon imbécillité ; non, à de pareils

ordres, une Reine n'obéit pas. Ranzau infifte , & lui dit , que la commiffion dont il eft chargé ne fouffre pas le moindre délai. Avant que je n'aie vu le Roi , s'écrie-t-elle , on n'exécutera pas un tel attentat contre ma perfonne; qu'on me laiffe aller vers lui , je dois , je veux lui parler. Elle avance quelques pas vers la porte ; Ranzau la retient ; il n'eft plus maître de fon impatience ; il change fes prières en menaces. Malheureux, lui dit-elle , eft-ce là le ton d'un fujet vis-à-vis fa Souveraine : vas, le plus traître des hommes! Le plus infâme n'eft pas capable de m'infpirer de la crainte. Le fier Ranzau s'aigrit, il fait à fes Officiers un figne de la plus finiftre fignification. Le plus ofé d'entre eux s'avance, & veut faifir la Reine; elle s'arrache de fes mains, & crie au fecours de toutes fes forces ; mais perfonne ne vient. Seule contre des gens armés, enflammée de colère, entraînée par le défefpoir, cette infortunée Princeffe à une fenêtre, l'enfonce avec violence, & veut fe court précipiter. Un Officier la retient ; c'eft alors que fa fureur ne connoît plus de bornes ; elle le faifit aux cheveux , le terraffe; elle lutte contre un fecond avec le même courage, la même vigueur. Un fpectacle fi touchant, fi effroyable, qui auroit fait tomber le

poignard

poignard des mains d'affaffins même, ne fit pas la moindre impreffion fur Ranzau & fon efcorte. Ils réunirent
leurs efforts cruels contre cette généreufe Princeffe.
Elle tomba enfin épuifée de forces, fans refpiration,
& prefque fans connoiffance dans les bras d'un Officier.
Quand elle revint à elle, & qu'on vit qu'elle n'étoit
plus en état de réfifter à la force de fes cruels
ennemis, on l'obligea de s'habiller dans une chambre
voifine, & Ranzau, affez lâche, affez impudent,
pour la braver encore par les expreffions les plus
outrageantes, la fit monter dans une voiture, qui la
mena à la citadelle de Cronenburg. Un Capitaine
de Cavalerie, nommé Cartenfchiold, & un autre
Officier encore d'un moindre grade, montèrent après
elle dans la voiture. Le premier garda tout le temps
l'épée nue à la main, la quatrième place fut occupée
par une des dernières femmes du fervice de la Reine.
Etrange compagnie pour une Reine. Voilà cette
infortunée Princeffe livrée, non pas feulement au
malheur; mais encore au mépris le plus amer, & à
la cruauté la plus rafinée. Cela alla jufqu'à chercher,
parmi les perfonnes de fa maifon, celles qui pouvoient lui déplaire, pour les charger fpéciale-
ment de la fervir à Cronenburg. Trente Dragons

E

entouroient la voiture où étoit la Reine , une autre suivoit , dans laquelle étoient la petite Princesse Louise ; une dame d'honneur, accablée de douleur ; la Reine garde le plus profond silence. La vue du château de Cronenburg l'arrache tout d'un coup de cette espèce de vapeur. Grand Dieu ! s'écrie-t-elle avec feu, ç'en est fait de moi , mon Roi m'abandonne. Et elle succombe sous le poids de sa douleur. Ses genoux plient , elle tombe sur l'escalier ; on la porte, on la traîne dans son appartement ; elle voit un lit , elle recule loin. Loin d'ici, dit-elle , il n'y a point de repos pour les malheureux , plus de repos pour moi. On la met dans un fauteuil ; des soupirs entrecoupés sortent avec peine de sa poitrine oppressée ; tout son corps paroît accablé par la douleur ; elle trouve enfin des larmes. Dieu soit loué ! dit-elle , avec une ferveur touchante , c'est de toi seul , grand Dieu ! que vient la consolation, ce seul bien que mes ennemis ne puissent pas m'arracher. Elle entend la voix de sa fille , elle vole à elle ; & toi aussi , tu es ici, innocente & chère créature, ta pauvre mère n'est donc pas tout-à-fait malheureuse ? Déjà elle tient dans ses bras cet enfant chéri ; déjà mille & mille baisers se mêlent à un torrent de larmes

bienfaifantes qui innondent fes joues. --- Cette déli-
cieufe extafe dérobe quelques inftans au chagrin. ---
Si elle eût pu feulement refter toujours dans cette
douce extafe !

La Reine Douairière, & le Prince Friedrich ne
quittèrent pas le Roi, avant d'avoir avis que la Reine
étoit arrêtée & emmenée. Ils craignoient qu'un
moment de fenfibilité ou d'irréfolution de la part
du Comte de Ranzau ne fît manquer tout-d'un-coup
tout le plan de leur vengeance. Ils ne fçavoient
que trop que, fi le Roi voyoit la Reine, fa colère,
qu'ils avoient eu tant de peine à exciter, retom-
beroit fur eux-mêmes; perfonne n'avoit, autant que
cette jeune Princeffe, le don d'émouvoir, & le Roi
haïffoit de tout fon cœur fa belle-mère & fon demi-
frère. Ce jour de trouble & d'effroi, on n'oublia
rien de ce qui pouvoit tracer, d'une manière avan-
tageufe aux yeux du peuple, les grands évènemens
arrivés à la Cour. La Religion même fut mife en
jeu, pour aveugler le peuple fur ce qui s'étoit paffé,
& cela, d'une manière peu féante à fa grandeur, à
fa dignité; mais cette conduite coupable fit connoître
les principes d'après lefquels avoient agi les auteurs
de la conjuration. On fit des prières publiques; les

F ij

voix gagées des Prêtres criminels, mêlèrent aux louanges de l'Etre Suprême, les menfonges payés de la calomnie. On accufa publiquement un Membre malheureux de la fociété des plus affreux deffeins contre fon Chef. Struenfée fut déclaré régicide, & le peuple, trompé, remercia Dieu d'avoir fauvé le Monarque d'un danger qui n'avoit jamais exifté; le nom de la Reine régnante fut, fans ordre du Roi, omis dans les prières publiques.

L'infortunée Reine étoit feule, abandonnée, rongée de chagrins, & tourmentée des inquiétudes les plus affreufes fur fon propre fort; fes pleurs, la vue de fa fille, qu'elle avoit fans ceffe fur fes genoux, & la trifte jouiffance de pouvoir fe livrer à fa douleur, fans craindre des témoins importuns, étoient fa feule confolation. Ce ne fut que le troifième jour, que fes femmes, tremblantes pour fa vie, purent obtenir qu'elle fe couchât. Cette Princeffe étoit déjà oubliée de fon époux. La Reine Douairière, & le Prince Friedrich, qui ne quittoient le Roi que le moins poffible, cherchoient à l'entretenir dans ces difpofitions.

Cependant on nomma neuf Commiffaires pour entendre juridiquement les perfonnes arrêtées. Le

Comte de Struensée, son frère, & le Comte de Brandt, furent chargés de chaînes. Plusieurs personnes, de rangs différens, furent bannies, les unes du Royaume, les autres seulement de la Capitale. On doubla la Garde auprès des autres prisonniers, & la commission commença l'examen des papiers qu'on avoit trouvés dans leurs maisons.

Les principaux chefs d'accusation contre Struensée étoient, 1°. un dessein abominable contre la personne sacrée du Roi. 2°. Le projet de forcer le Roi de renoncer au Gouvernement de l'Etat. 3°. Un commerce criminel avec la Reine. 4°. La manière dont il avoit élevé le Prince Royal. 5°. Le pouvoir énorme, & l'autorité sans bornes qu'il avoit acquis dans les affaires de l'Etat. 6°. La manière dont il s'étoit comporté dans l'Administration des affaires.

Les deux premiers points étoient sans fondement; aussi n'osa-t-on pas les insérer dans le résumé général d'accusations, que le Fiscal Général dressa contre lui. Struensée auroit été le plus insensé des hommes, s'il eût formé le moindre dessein contre la personne, ou contre l'autorité du Roi; c'étoient les seuls soutiens de sa grandeur. Mais ces accusations répandues avec adresse, parmi le peuple, servoient à l'aliéner contre l'infortuné Miniſtre, qui veut perſuader que le peuple doit l'étourdir ; fatal principe de conduite, qui a rendu les peuples complices involontaires de tant de crimes, & a fait forger de leurs propres mains, dont ils ont été chargé.

Le troiſième point d'accuſation eſt le ſeul ſur lequel Struenſée pouvoit paroître coupable aux yeux de la Juſtice. Ce malheureux, accablé ſous le poids de la douleur, effrayé de la menace des plus cruels tourmens, embrouillé par les queſtions inſidieuſes qu'on lui faiſoit, peut-être même ſéduit par l'eſpoir qu'il lui reſtoit encore un moyen unique de ſalut, ſçavoir, d'impliquer la Reine Mathilde, fit dans l'interrogatoire du 21 Février, avec le trouble d'un eſprit engoiſé, un aveu qui compromettoit Sa Majeſté, & répandoit une affreuſe lumière. Cet aveu fut un nouveau crime, qui ſouleva contre lui toutes les ames nobles ; mais dans l'état d'anxiété où étoit ſon eſprit, il n'étoit plus capable de grandes actions, ni d'une conduite ferme.

L'éducation du Prince Royal, fut le quatrième chef d'accuſation ; & cependant, elle méritoit à Struenſée des éloges & des récompenſes ; mais telles étoit l'ignorance, la prévention, ou plutôt la paſſion de ceux qui alloient prononcer fur fa deftinée. La feule expérience lui fervoit de défenfe. Avant qu'on n'eût adopté auprès du jeune Prince ce plan d'éducation, il marquoit de la propenfion pour tous les vices. Il étoit foible, trifte, pareffeux, craintif, maladroit, maufade, obftiné. Bientôt il acquit une conftitution vigoureufe, n'eut plus d'incomodités; fon inoculation réuffit parfaitement; il apprit à fe paffer de l'aide des perfonnes chargées de le fervir; il devint agile & adroit. Il perdit cette crainte imbécille, fruit dans les enfans d'une éducation peu éclairée. Plus actif, il montra de l'application, & fes obfervations parurent déjà prématurées.

Le crédit & le pouvoir de Struenfée, la manière dont il avoit ufé de l'un & de l'autre, étoient les derniers chefs d'accufation. Peu de perfonnes, fans doute, portées fi rapidement à une telle élévation, auroient montré plus de lumières & plus de défin-téreffement, plus de vues & plus de zèle pour la chofe publique, dans un pays fur-tout, où les faux préjugés ont encore tant d'empire, où la tyrannie féodale & le defpotifme du Gouvernement mettoient tant d'entraves. La haine & l'ignorance empêchoient que les Juges n'appréciaffent ces difpofitions, & ils allèrent jufqu'à lui imputer, comme crime d'Etat, les moindres dons que lui avoit fait fon Maître.

Le Comte de Brandt, l'ami de Struenfée, qui avoit partagé fon heureufe fortune, enveloppé auffi dans fa difgrace, fut jugé avec la même paffion, par ce Tribunal inique. On ne met aucun délai dans la condamnation de ces malheureux, réfolue d'avance. Mais les Juges fe trouvèrent très-embarraffés fur la manière de dreffer la Sentence. Ils n'ofoient y exprimer le délit unique de Struenfée, & ne pouvoient pas fe diffimuler que, fous aucun autre rapport, lui & Brandt ne méritoient pas la mort.

C'eft alors, que quatre Commiffaires (c'étoient le Comte de Thott, le Baron de Schak-Rofftlon, Membres du nouveau Confeil d'Etat, M. Juel-Wind, Jufticier de la Grand'Chambre, & le Procureur Général Stampe) fe rendirent le 9 Mars au Château de Conenburg, pour interroger la Reine Régnante. M. de Schark porta la parole, dans une circonftance fi grave. Une longue fuite de jours de fouffrance, paffés dans la plus trifte folitude & dans l'agitation la plus cruelle, n'avoient point abattu l'ame noble de cette Princeffe. Elle reçut les Députés avec un air plein de dignité, dans lequel fe déployoit toute la force

de

de son esprit. Les questions embrouillées & arti-
ficieuses ne furent pas capables de la troubler ; ses
réponses furent nobles, brèves & précises ; elle
soutint qu'elle n'avoit rien à se reprocher ; & par
cette conduite ferme & imprévue, elle mit les
Commissaires dans le plus grand embarras. Quand le
fourbe Schak eut perdu tout espoir de subjuguer
l'esprit de la Reine, il crut que son cœur n'auroit
pas la force de soutenir un pareil assaut, & il se
promit bien de remporter de ce côté, sur elle, autant
d'avantage qu'elle en avoit eu de l'autre, pour se
mettre au-dessus de ses artifices. Il eut donc recours
à un tour infâme, pour lui surprendre l'aveu dont
on avoit besoin pour la condamnation déjà résolue
de la Princesse, & réussit ainsi à une action qui souillera
à jamais son nom. Il dit à la Reine, que le Comte
de Struensée avoit fait, dans l'interrogatoire du 21
Février, l'aveu le plus outrageant pour sa dignité
& pour son honneur : cela est impossible, s'écria la
Reine effrayée ; non, Struensée n'a pas fait un tel
aveu ; & s'il l'a fait, je nie tout ce qu'il a pu dire.
Schak, trop rusé pour ne pas profiter avec empres-
sement de ce premier moment de saisissement, ajoute
que Struensée a, dans l'interrogatoire suivant, renou-

G

vellé, confirmé & figné cet aveu ; mais puifque la Reine le nie, il eft donc un infâme calomniateur vis-à-vis de fa Souveraine ; il eft dans la claffe des criminels de lèze-Majefté, & fon crime ne peut s'expier que par le plus affreux fupplice.

Ce fut un coup de foudre pour l'infortunée Prin-ceffe ; elle tomba fans connoiffance dans fon fauteuil, la pâleur de la mort fe répandit fur fon vifage. L'honneur & le fentiment fe livroient dans fon cœur des combats violens ; elle revint à elle, & dit, d'une voix foible : fi j'avoue ce que Struenfée a dit, l'infortuné peut-il efpérer que mon Roi lui faffe grace ; en même-temps, fes yeux pleins de fenfibilité, s'élevèrent vers Schak, & un regard plein de crainte & d'efpérance, dit ce que fes lèvres trem-blantes ne pouvoient exprimer. Sur-le-champ, il éclaircit fon vifage ; il prit l'air calme, le plus trom-peur ; il fit un figne que la Reine put interpréter favorablement, & lui préfenta en même-temps un papier qui contenoit l'accufation intentée contre elle, & auquel il ne manquoit que fa fignature, pour remplir les vues de fes ennemis. Le combat auquel étoit livré le cœur de la Reine, devint plus fort, & tout fon être s'abandonna à l'agitation la plus

vive. Tout-à-coup, elle parut s'élever au-deſſus d'elle-
même, par l'effort le plus violent, elle ſaiſit une
plume, & ſa main tremblante commence à tracer
ſon nom. Elle n'avoit encore écrit que Carol,
lorſqu'elle jette un regard ſur ſa main ; elle voit
qu'il tremble d'impatience ; elle découvre dans ſa
phiſionomie la joie méchante de la trahiſon triom-
phante ; comme un éclair, ce trait de lumière pénètre
tout ſon être ; elle jette la plume en friſſonnant,
& s'écrie : vous me trompez d'une manière infâme !
Struenſée ne m'a pas accuſée, je le connois, il n'en
eſt pas capable ; elle veut ſe lever, ſes genoux ſe
dérobent ſous elle, & tombe preſque ſans connoiſ-
ſance. C'eſt alors, que l'audace de Schak ne connoît
plus de bornes ; il ramaſſe la plume, la met dans la
main de la Reine, ſaiſit cette main, la conduit,
profite de ſon fatal évanouiſſement, pour, à l'aide
d'une impulſion purement mécanique, lui faire écrire
ſes noms ; en un mot, avant qu'elle ne fût revenue
à elle, les lettres ine Mathilde, ſe trouvoient déjà
ajoutées aux premières Carol. --- Les Commiſſaires
ſe retirèrent d'abord. Leur éloignement fit une im-
preſſion terrible ſur l'eſprit de la Reine, comme ſi
le deſtin qui l'attendoit, elle & ſes partiſans, ſe fût

déployé tout-d'un-coup devant elle, dans toute fa rigueur. Elle tomba dans un nouvel évanouiffement, puis dans l'état le plus dangereux, & il lui fallut beaucoup de temps pour reprendre connoiffance.

Après avoir terminé ces interrogatoires, dont le réfultat avoit été de convaincre juridiquement les Comtes de Struenfée & Brandt, on procéda à la nomination d'un Grand-Confeil extraordinaire, à l'effet d'entamer le procès de la Reine, & de prononcer à fon égard un jugement définitif. Déjà toutes les perfonnes deftinées à compofer ce Confeil, avoient reçu leurs inftructions, & des ordres qui leur prefcrivoient ce qu'ils avoient à faire; déjà la Sentence étoit fecrettement dreffée, & le fort de la Reine décidé. Ce Confeil extraordinaire fut compofé de trente-cinq Membres, parmi lefquels étoient cinq Confeillers Eccléfiaftiques, quatre Miniftres, plufieurs Membres de la Grand'Chambre, deux Officiers de Terre, deux de Marine; quelques Confeillers-d'Etat, & un Chef de la Bourgeoifie. L'Avocat-Général de la Grand'Chambre, Uhldal, Magiftrat auffi favant qu'éloquent, fut donné pour défenfeur à la Reine Mathilde. Tous les Juges, fans exception, & les Avocats nommés pour & contre la Reine, furent relevés de leur ferment.

La première séance se tint le 24 Mars. L'Avocat Ulas-Lund-Berg, nommé contre la Reine, se déclara au nom du Roi contre cette Princesse, & après avoir, dans un long discours, franchi les bornes du respect & de la décence, il conclut par demander que le divorce fût prononcé entre le Roi & la Reine.

La seconde séance fut le 2 Avril. L'Avocat-Général Uhldal parla pour la Reine, d'une manière qui répondit à sa réputation. Il peignit l'état, la douleur, & les sentimens de la Reine, avec les traits les plus touchans. Son éloquence lui dicta les expressions les plus pathétiques; il montra cette Princesse qui, accusée par son époux lui-même, chargée du soupçon le plus affreux, descend de son trône, pour se mettre, comme le dernier des sujets, sous la protection des Loix; une Princesse, à qui la Nation, d'une voix unanime, avoit donné le nom si doux de mère de la Patrie, & qui aujourd'hui comparoît au Tribunal de cette même Nation, & en attend un Arrêt qui va régler à jamais son sort.

Uhldal examina s'il n'étoit pas plus digne du Roi, de la maison Royale, & de toute la Nation, de rétablir, par une Sentence publique, la Reine dans le rang qui lui appartenoit, que de l'empirer par un jugement qui dégraderoit lui-même aux yeux de ſes peuples, & de l'Univers entier. Il montra, d'après les Loix du Danemarck, que la Juſtice ne pouvoit pas condamner la Reine ſur la ſimple déclaration du Comte de Struenſée ; à ſon aveu, il fit voir l'inſuffiſance des griefs & des preuves contre elle. Il exhorta les Juges à ſe conformer à ces Loix avec l'exaētitude la plus ſcrupuleuſe ; il traça enfin le tableau touchant de la vie que la Reine avoit menée juſqu'à l'époque où commençoit la plainte portée contre elle. C'étoit l'épouſe la plus tendre, la meilleure mère, la plus digne Reine ; ſa raiſon offroit encore la conſolante perſpective de lui voir de nouveau pratiquer ces vertus. Les talens de l'Orateur, ſes preuves en faveur de ſon auguſte Cliente, le caractère des Loix de la Nation ne purent empêcher que le divorce ne fût prononcé juridiquement le 6 Avril.

Enſuite on procéda au jugement des Comtes de Struenſée & de Brandt. Le temps néceſſaire aux procédures juridiques d'uſages, ne fit que différer la fin tragique deſtinée à l'un & à l'autre. Le Fiſcal Général Wivet parut le 21 Avril, en qualité de leur Accuſateur. Son diſcours fut un tableau ſec & odieux de la vie du Miniſtre Struenſée, & le 25 Avril fut pour les Comtes de Struenſée & de Brandt, le terrible jour où la rage de leurs ennemis, altérés de ſang, falsifièrent & déshonorèrent la voix de la justice, pour les précipiter dans la classe vile des malfaiteurs impies, pour enlever les biens, la vie & l'honneur, en les couvrant dans les derniers instans de honte, d'horreur & d'exécration. Struensée fut déclaré atteint & convaincu d'avoir mérité de perdre les biens, l'honneur & la vie, comme une juste punition de ses crimes, & pour servir d'exemple & d'horreur à ceux qui pourroient être aussi mal intentionnés ; le condamne à être privé de sa qualité de Comte, & de tous les autres titres à lui accordés ; à être, ses armoiries de Comte brisées par la main du Bourreau, après quoi avoir, ledit Jean Friedrich Struensée, le poing droit, puis ensuite la tête coupée ; son tronc écartelé, & exposé sur la roue, sa tête & sa main attachée à une potence. Struensée, cependant, n'étoit convaincu que d'un seul délit. Cette terrible sentence fut lue aux deux Comtes qui l'entendirent avec humilité & résignation. On disposa pour leur exécution une place plus grande que celle qui étoit destinée à cet usage.

Cette scène sanglante commença à neuf heures du matin. Le Docteur Munter accompagna à l'échafaud le Comte de Struensée, & le Pasteur Hée, le Comte de Brandt. Celui-ci y monta avec tranquillité. Il se vit couper la main droite avec une fermeté héroïque,

& il reçut le coup de la mort avec intrépidité. Sa tête, féparée de fon corps, fut montrée, à diverfes reprifes, à la foule innombrable des fpectateurs.

Struenfée ne montra pas une fi grande fermeté, on lui coupa la main malhabilement, ce qui rendit l'exécution douloureufe. Il fe leva avec impétuofité, & il fallut employer la violence pour le forcer de remettre, & de tenir la tête fur le billot, où il reçut le coup de mort.

Ces deux exécutions, lentes & fans ordre, causèrent aux deux malheureux une prolongation inhumaine de fouffrance. La foule des affiftans étoit prodigieufe. Ils s'étoient rendus au lieu de l'exécution, avec l'impétuofité fauvage, ordinaire à une populace dont on a excité le reffentiment, & aigri les efprits par tous les moyens imaginables; ils revinrent, raffafiés de cette fcène fanglante; l'horreur de ce fpectacle avoit furpaffé l'attente de leur animofité; leur foif de vengeance contre les exécutés étoit étanchée, & dans un fi court moment, leurs cœurs éprouvèrent, fans pouvoir s'en rendre compte à eux-même, un fentiment indéterminé de compaffion : on vit cette multitude innombrable rentrer dans la Ville, par une feule porte, fans peine, & dans un morne filence.

F I N.

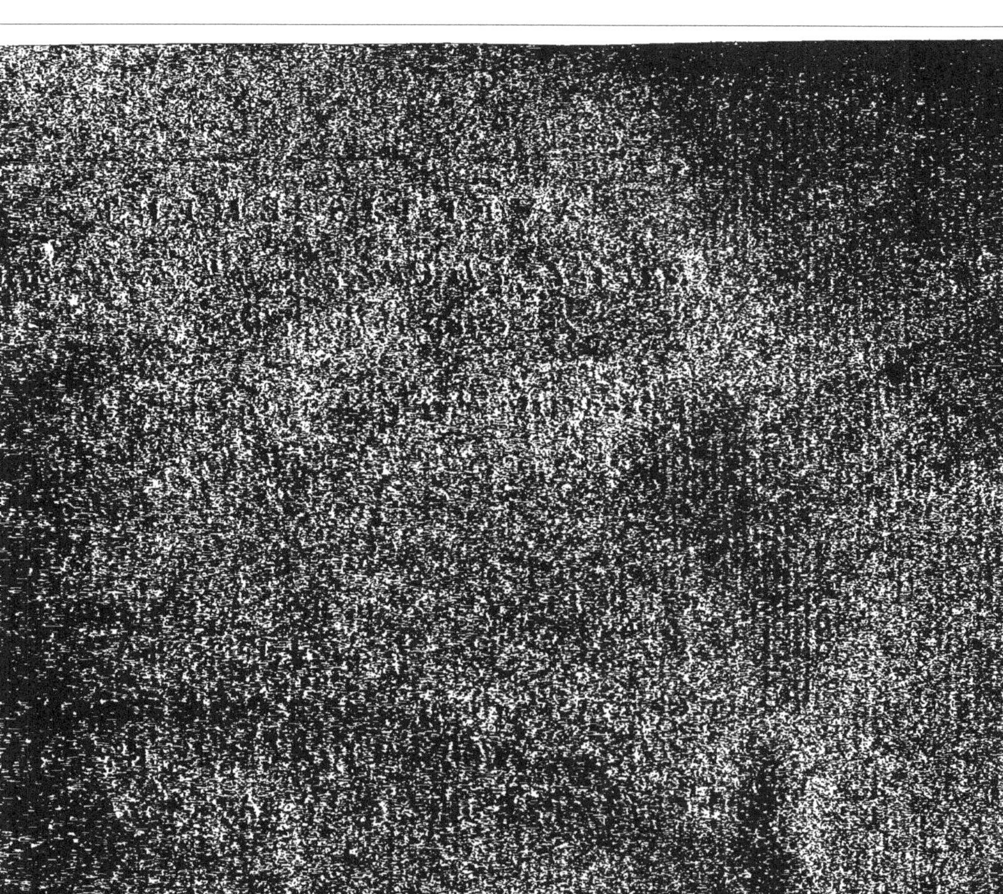

AVERTISSEMENT.

Relatif à la Galerie universelle des Hommes, & des Femmes célebres.

L'ACCUEIL plein d'indulgence que le Public daigne faire à la *Galerie universelle des Hommes & des Femmes célebres*, est un véhicule trop encourageant pour ne pas suivre, avec une activité soutenue, cet Ouvrage. On est libre de souscrire pour la totalité, ou de commencer à l'époque qu'on choisit à son goût. On en trouve des Exemplaires chez M. le Comte DE LA PLATIERE, en son Hôtel, rue Meslé, N°. 58, & GODEFROY, Libraire, quai des Augustins.

www.ingramcontent.com/pod-product-compliance
Lightning Source LLC
Chambersburg PA
CBHW051148050726
47594CB00003B/1297